道德经·老子复归

Dao De Jing · The Return Of The Old Master

【春秋】老子 原著

红柳 疏

Billson International Ltd.

Published by
Billson International Ltd
27 Old Gloucester Street
London
WC1N 3AX
Tel:(852)95619525

Website:www.billson.cn
E-mail address:cs@billson.cn

First published 2025

Produced by Billson International Ltd
CDPF/01

ISBN 978-1-80377-152-6

©Hebei Zhongban Culture Development Co.,Ltd All rights reserved.

The original content within this product remains the property of Hebei Zhongban Culture Development Co.,Ltd, and cannot be reproduced without prior permission. Updates and derivative works of the original content remain the property of Hebei Zhongban. and are provided by Hebei Zhongban Culture Development Co.,Ltd.

The authors and publisher have made every attempt to ensure that the information contained in this book is complete, accurate and true at the time of printing. You are invited to provide feedback of any errors, omissions and suggestions for improvement.

Every attempt has been made to acknowledge copyright. However, should any infringement have occurred, the publisher invites copyright owners to contact the address below.

Hebei Zhongban Culture Development Co.,Ltd
Wanda Office Building B, 215 Jianhua South Street, Yuhua District, Shijiazhuang City, Hebei province, 2207

前言

自古注解《道德经》者多如牛毛，大都从文字上下功夫。文以载道，当不拘泥于此；旁征博引，不若回归五千言。三全本，逐字逐句逐章解释《道德经》，看似全而无瑕，实则囿于文字，未尽其义，夹生而食；譬例以解老，虽易于入门，却又狭老子之本义。此本，疏义而不重其形，得鱼忘筌；将老子之哲学思想一以贯之，循章以疏，串珠成链；以老子来说《老子》，回归五千言。久囿其形，何以窥道？观五千言，止见其言，道岂在此？观五千言，见而亡言，终得其真。此书，以帛书本《道德经》为底版，在尽量保留原貌的基础上，将少量生僻艰涩之通假字以本字替换（部分参照通行本）。帛书本原文德篇在前，道篇在后，不分章节。为了便于参学，按照通行本逐章分节，其中个别章节次序与通行本不一致，以帛书本编排。

目录

道篇（1–37章）

第一章　道可道也 | 002
第二章　天下皆知美之为美 | 004
第三章　不上贤使民不争 | 006
第四章　道盅 而用之又弗盈也 | 008
第五章　天地不仁 | 010
第六章　谷神不死 | 012
第七章　天长地久 | 014
第八章　上善若水 | 016
第九章　持而盈之 | 018
第十章　载营魄抱一 | 020
第十一章　卅辐同一毂 | 022
第十二章　五色使人目盲 | 024
第十三章　宠辱若惊 贵大患若身 | 026
第十四章　视之而弗见 名之曰微 | 028
第十五章　古之善为道者 | 030
第十六章　致虚极也 守静笃也 | 032
第十七章　太上 下知有之 | 034

第十八章　故大道废 案有仁义　| 036

第十九章　绝圣弃智民利百倍　| 038

第二十章　唯与诃 其相去几何　| 040

第二十一章　孔德之容 惟道是从　| 042

第二十二章　企者不立　| 044

第二十三章　曲则全 枉则正　| 046

第二十四章　希言自然　| 048

第二十五章　有物混成 先天地生　| 050

第二十六章　重为轻根 静为躁君　| 052

第二十七章　善行者无辙迹　| 054

第二十八章　知其雄 守其雌　| 056

第二十九章　将欲取天下而为之　| 058

第三十章　以道佐人主 不以兵强于天下　| 060

第三十一章　夫兵者 不祥之器也　| 062

第三十二章　道恒无名 朴虽小 而天下弗敢臣　| 064

第三十三章　知人者智也 自知者明也　| 066

第三十四章　道氾呵 其可左右也　| 068

第三十五章　执大象 天下往　| 070

第三十六章　将欲翕之 必固张之　| 072

第三十七章　道恒无名　| 074

目录

德篇（38—81章）

第三十八章	上德不德 是以有德	078
第三十九章	昔之得一者	080
第四十章	上士闻道 勤而行之	082
第四十一章	反也者 道之动也	084
第四十二章	道生一 一生二 二生三	086
第四十三章	天下之至柔	088
第四十四章	名与身孰亲	090
第四十五章	大成若缺 其用不敝	092
第四十六章	天下有道 却走马以粪	094
第四十七章	不出于户 以知天下	096
第四十八章	为学者日益 闻道者日损	098
第四十九章	圣人恒无心	100
第五十章	出生入死 生之徒十有三	102
第五十一章	道生之而德畜之	104
第五十二章	天下有始 以为天下母	106
第五十三章	使我絜有知	108
第五十四章	善建者不拔 善抱者不脱	110
第五十五章	含德之厚者 比于赤子	112
第五十六章	知者弗言 言者弗知	114
第五十七章	以正治国 以奇用兵	116
第五十八章	其政闷闷 其民惇惇	118
第五十九章	治人事天 莫若啬	120

第六十章	治大国若烹小鲜	122
第六十一章	大邦者下流也	124
第六十二章	道者万物之主也	126
第六十三章	为无为 事无事 味无味	128
第六十四章	其安也 易持也	130
第六十五章	古之为道者	132
第六十六章	江海之所以为百谷王者	134
第六十七章	小国寡民	136
第六十八章	信言不美 美言不信	138
第六十九章	天下皆谓我大	140
第七十章	善为士者不武	142
第七十一章	用兵有言曰	144
第七十二章	吾言甚易知也	146
第七十三章	知不知 尚矣	148
第七十四章	民之不畏威	150
第七十五章	勇于敢者则杀	152
第七十六章	若民恒且不畏死	154
第七十七章	人之饥也	156
第七十八章	人之生也柔弱	158
第七十九章	天之道 犹张弓也	160
第八十章	天下莫柔弱于水	162
第八十一章	和大怨 必有馀怨	164

道篇（1–37章）

第一章

道可道也 非恒道也
名可名也 非恒名也
无名 万物之始也
有名 万物之母也
故恒无欲也
以观其所妙
恒有欲也
以观其所徼
两者同出 异名同谓
玄之又玄 众妙之门

【疏义】

　　大道无形，不可言说，不可具象，具象之物不为恒道。大道生于未有，天地之先。万物一始，其无名也；正名以别类，始有名，其母也。无名以始，有名以母，无以生有，有复归无；无为有之始，有为无之母，道之恒也。万物之名非为恒，万物之形亦非为恒，所名所形，皆为道之所彰，非为恒。故"可道非恒道，可名非恒名"。万物皆从无中生，有中无，循环往复。有欲以观其所生，无欲以观其所复。万物并作以生，有欲也。夫物云云，各复归于其根。归根曰静，静是谓复命，无欲也。动以生，常有欲以观所徼；静而归，无欲以观所妙。此谓虚以观无，有以察实，虚实相生，其妙无穷。无有同体，同体异名。无生有，谓之玄；有归无，亦谓之玄；无有相生，周行不殆，谓之玄之又玄。玄牝之门谓之天地之根也，故为众妙之门也。

第二章

天下皆知美之为美 恶已
皆知善 斯不善矣
有无之相生也
难易之相成也
长短之相形也
高下之相盈也
音声之相和也
前后之相随也
恒也
是以圣人居无为之事
行不言之教
万物作而弗始也
为而弗恃也
成功而弗居也
夫唯弗居 是以弗去

【疏义】

　　善恶、美丑、有无、难易、长短、高下、音声、前后皆同出异名，同为一体，相互依存，相伴以生。无名，万物之始，恒为一也。始而后正名以别物，物别以划其性，性分以类其情，情类而属其心，心属而有所好。所好者，欲也。欲而欲作，有以为也。为之者败之，执之者失之。是以体道者不加手于万物，以不言为言，以无为为有为；体道以行，不使其生，不使其长，不居其功。夫圣人居无为以成其功，而不居其功，不居其功而成久之功。

第三章

不上贤 使民不争
不贵难得之货
使民不为盗
不见可欲
使民不乱
是以圣人之治也
虚其心 实其腹
弱其志 强其骨
恒使民无知无欲也
使夫智不敢
弗为而已
则无不治矣

【疏义】

天下之道，无欲以治。"欲"为祸首，上有所好，下必从之；人有所欲，方寸始乱，乱而惑迷，心有所执，行有所偏；尚贤则伪以争贤，好名奸伪；贵物则欲贼作盗，恃欲争强；人皆好名逐利，天下难治矣。圣人体道，虚心强骨，去欲存真，返朴守素，使民心不乱，天下自治也。正所谓：无欲以静，天下自正。

第四章

道盅 而用之又弗盈也
渊呵 似万物之宗
挫其锐 解其纷
和其光 同其尘
湛呵 似或存
吾不知谁之子也
象帝之先

【疏义】

道虚大无穷，取之不竭，注之不盈；万物皆在其中，万法皆宗其道。挫锐去锋，崇本去末；解纷除艳，存实去华。敛光以和，见微知明；与物混同，返朴归真。大道之湛湛，虚眇实存，难溯其源，先天地而有之。

第五章

天地不仁
以万物为刍狗
圣人不仁
以百姓为刍狗
天地之间
其犹橐龠与
虚而不屈
动而愈出
多闻数穷
不若守于中

【疏义】

天地不加手于万物，体道者不加手于百姓。不指一物，不偏一类，以其不仁于一物一类，故能允物于公，不偏不倚；物各秉其性，各类其情，各复其命矣。

天地之间，"虚"在其中，不穷不尽。持虚守静而不见其空，化育万物而不见其形。穷闻欲欲，不若致虚守静。

第六章

谷神不死
是谓玄牝
玄牝之门
是谓天地之根
绵绵若存
用之不勤

【疏义】

　　虚而不见谓之谷，变化莫测谓之神。不盈不竭谓之不死。虚大不见，化变莫测，不知始末，象帝之先，大道也。玄牝者，大道之尚德也；玄牝之门，尚德之功也，生天地，化阴阳，成万物谓之天地之根也。玄牝之门，虚而不屈，动而愈出，绵绵似存，生生不息。

第七章

天长地久
天地之所以长且久者
以其不自生
故能长生
是以圣人
退其身而身先
外其身而身存
不以其无私与
故能成其私

【疏义】

天长地久何也？天不以己自覆，地不以私自载；天覆以利气之流变，地载以承物之生复，皆不以自生，故长生也。

圣人退身、外身而身先、身存，何哉？以其居无为之事，弗争，以其无身，无患前后，无忧存亡。众人争先以退圣人之身，众人争存以外圣人之身。圣人常无身也，因其以退其身而后者居先；因其以外其身而外者身存。圣人者，以无心为心，无身为身，以合大道。圣人常无，然天遂其利，因其无私也。

第八章

上善若水

水善利万物而有静

居众人之所恶

故几于道矣

居善地 心善渊

予善天 言善信

正善治 事善能

动善时

夫唯不争 故无尤

【疏义】

上德似水，泽被万物而虚静，身处卑下以近道。好处下守虚，居无事而善成，给养万物而不居功。居善地，好下也；心善渊，持虚以静也；予善天，给养而不居功也；言善信，信如四时也；正善治，无为以治也；事善能，任物以生也；动善时，应自然之消息也。静以不争，以其不争，故无得失也。

第九章

持而盈之
不如其已
揣而锐之
不可长保也
金玉盈室
莫之能守也
贵富而骄
自遗咎也
功遂身退
天之道也

【疏义】

　　持盈不若守中，揣锐不可常保，富贵满堂莫能守之，骄奢淫逸自惹祸患。天道忌满。盈则溢，锐则折；富而不骄，祸远矣；功成身退，天道也。

第十章

载营魄抱一 能毋离乎
抟气致柔 能婴儿乎
涤除玄鉴 能毋有疵乎
爱民治国 能毋以知乎
天门启阖 能为雌乎
明白四达 能毋以知乎
生之畜之 生而弗有
长而弗宰也 是谓玄德

【疏义】

体魄抱一，抟聚元气，涤杂去欲，柔若婴孩；爱民治国，以不智也；通达天道，守雌以柔；明白四达，守虚以无为。生育万物，不为其有，不为其用，不为其主，谓之玄德。

第十一章

卅辐同一毂
当其无 有车之用也
埏埴而为器
当其无 有埴器之用也
凿户牖
当其无 有室之用也
故有之以为利
无之以为用

【疏义】

卅辐成毂，埏埴为器，户牖为室，皆以有形之物为利，以中空虚无为用。盖，有形为无形之利，无形为有形之用。故，有利可生无，无用可生有。乃有无利用也！

第十二章

五色使人目盲
驰骋田猎使人心发狂
难得之货使人之行妨
五味使人之口爽
五音使人之耳聋
是以圣人之治也
为腹而不为目
故去彼取此

【疏义】

　　色、音、味、驰骋田猎，难得之货，皆为欲之鬼，嗜欲者而祸深矣。色纷而亡目，音杂而耳贵，味甚而口未。田猎而狂悖，贵物而碍行。圣人之治，虚其心，实其腹，少私寡欲，不欲以外，抱朴就素。

第十三章

宠辱若惊 贵大患若身
何谓宠辱若惊 宠之为下
得之若惊 失之若惊
是谓宠辱若惊
何谓贵大患若身
吾所以有大患者 为吾有身也
及吾无身 有何患
故贵为身于为天下
若可以托天下矣
爱以身为天下
如可以寄天下矣

【疏义】

宠辱同体，得之若惊，失之亦若惊；有宠便有辱，无有亦无惊。人之视宠辱之等于身而患得失。以其有身，有身便有所贵，有贵便有得失，有得失便有忧乐。反之，亦然也。以身为天下之身，无身而成天下身，爱以身给天下，爱而成天下爱。万物皆为我之有，亦非我之有；爱天下，万物皆为我之爱，亦非我之爱。万物与我为一，我与万物合一，以此天下可寄托也。

第十四章

视之而弗见 名之曰微
听之而弗闻 名之曰希
捪之而不得 名之曰夷
三者不可致诘
故混而为一
一者 其上不皦 其下不昧
寻寻呵不可名
复归于无物
是谓无状之状 无物之象
是谓惚恍
随而不见其后
迎而不见其首
执今之道 以御今之有
以知古始 是谓道纪

【疏义】

　　道，视之不见，听之不闻，抚之不得；微兮、希兮、夷兮混而为一不可离兮。上而不明，下而不昧，化物无穷，复归于无。道，化物以形而不见其形，具物以象而不见其象。显匿于惚恍之间，迎随而首尾莫能见，而又无处莫在。道之恒也，易与不易。其易而适其不易，其不易以挈其易。古今物时迁移，所易者非同，不易者同也。今者，观今之易，以不易而御之，以不易究古之变而明其始末。此道之循变之纲纪。

第十五章

古之善为道者
微妙玄达 深不可识
夫唯不可识 故强为之容
曰
豫呵其若冬涉水
犹呵其若畏四邻
严呵其若客
涣呵其若凌释
敦呵其若朴
混呵其若浊
旷呵其若谷
浊而静之徐清
安以动之徐生
保此道者不欲盈
夫唯不欲盈
是以能敝而不成

【疏义】

　　善道者，慎也、惕也、敬也、缓也、敦也、混也、旷也。慎也、惕也、敬也、缓也，合度之行也；敦也、混也、旷也，合德之性也。合度以行，载德以道。浊而清，清而浊；动而安，安而动，道之动也；浊不可长久，清亦然也；动不可长久，安亦然也。浊而能徐静，安而能动生。守此道者，唯不盈尔，故善道者，敝而不成其全也。

第十六章

致虚极也 守静笃也
万物并作 吾以观复也
夫物芸芸 各复归于其根
归根曰静 静是谓复命
复命常也 知常明也
不知常妄
妄作凶
知常容 容乃公 公乃王
王乃天 天乃道 道乃久
没身不殆

【疏义】

　　至虚之极，笃定守静，以观万物之复。万物生而长，长而壮，壮而衰，衰而亡，亡而归根复生，循环往复。万物动而芸芸；静而寥寥，归根以复命。复命常道也，知常道以明。不知常，背道妄动以凶。知常以纳万物，物无所遗，容也；容而以万物齐一，物无所偏，公也；公而万物归焉，以王天下；王天下者合天地之德；天地之德顺道以随；大道独立不改，周行不殆。物之有之无也，动静生覆不止。

第十七章

太上 下知有之
其次 亲誉之
其次 畏之
其下 侮之
信有不足 安有不信
犹呵 其贵言也
成功遂事
而百姓谓我自然

【疏义】

以道行天下，无为而无以为，得民之"自然"，民止知有之。我无为而民自化，谓我自然。自然而无亲疏之别、恩怨之心，民常无心以至无欲。

以仁治天下，为之而无以为。爱民而天下亲而誉。无所图而为之以爱，得民之亲誉。

以法治天下，为之而有以为。以治图治，天下畏之，畏民以治也，得民之畏。

以暴行天下，重畏以暴，以致民之不畏死也，天下共伐之，得民之侮也。

不言以信为足，无为而行以成。信不足而不应，行有以而不成。

天道，希言哉，不言而善应，不召而自来，坦而善谋，功成事遂也。人不知而谓"自然"也。

第十八章

故大道废
案有仁义
智慧出
案有大伪
六亲不和
案有孝慈
国家昏乱
案有忠臣

【疏义】

道行天下，无为而无以为。焉倡仁义乎？朴散为器，何见智乎？六亲睦合，岂见孝慈乎？国家和泰，何称忠臣乎？废大道以倡仁义，有为以治，上有为而下效者众，尚智而奸伪随也。六亲失合，以倡孝慈而不肖生焉；国家昏乱，奸佞毕露，昭忠以贞。此皆由道废德衰之致也。

第十九章

绝圣弃智 民利百倍
绝仁弃义 民复孝慈
绝巧弃利 盗贼无有
此三言也 以为文不足
故令之有所属
见素抱朴
少私寡欲
绝学无忧

【疏义】

　　绝圣弃智，贤名不显，民不逐名而累；绝仁弃义，不尚善不尚美，民不生伪而自复孝慈；绝巧弃利，不尚工不贵难得之货，民不见可欲，盗者无有，贼者无偷，复归于无名之朴也。此三言为文而不足以行，行则须令之有所归属。所属者本也，见素以本真色，抱朴而守真质，少私寡欲而不迷于外，弃绝众之学以至道而无得失也。

第二十章

唯与诃 其相去几何
美与恶 其相去若何
人之所畏 亦不可以不畏人
朢兮 其未央哉
众人熙熙
若享于太牢 而春登台
我泊焉未兆
若婴儿之未咳
累呵 如无所归
众人皆有余 而我独若遗
我愚人之心也 沌沌呵
俗人昭昭 我独若昏呵
俗人察察 我独闷闷呵
忽呵 其若海 恍呵 其若无止
众人皆有以 我独顽以鄙
我欲独异于人 而贵食母

【疏义】

人之是非、好恶，相差几许？有所欲则有念，有所念则有所别，有所别则有所好，有所好则有所偏，有所偏则有所失。人与上亦相畏也。人之所畏者上也；上之所畏者人也。人之所畏：取食税之多；上之所畏：民恒且不畏死则大威将至。茫茫兮，是非好恶因果相转之无尽也。众人熙熙，若享太牢，如春登台，各溺其所好，不知其非而以为是也。圣人知其妄，泊然不动若婴孩之未咳，少私寡欲，淡然而无所属。众人财货有馀，得其所欲，而圣人知其非，沌沌如愚，若世之所遗；俗人昭昭以求，察察以计；圣人昏昏以匮，闷闷如愚。惚兮若海之寥廓不知其际，恍兮其动而无所止。众人各逐其利，圣人无所欲，似愚且鄙；圣人以无欲为欲，独异于人也，去欲存真，以本为崇，贵本求是。

第二十一章

孔德之容 惟道是从
道之物 惟恍惟惚
惚呵恍呵 中有象呵
恍呵惚呵 中有物呵
窈呵冥呵 其中有情
其情甚真 其中有信
自今及古 其名不去
以顺众父
吾何以知众父之然也
以此

【疏义】

　　大德之动，惟从乎于道也。道生之，德畜之，惚兮恍兮物以始也。惚兮恍兮有其象，恍兮惚兮有物生。此乃无状之状，无物之象也。幽兮冥兮其物情确，其情甚真，其物如信以成。此乃有物之象，有状之物也。道以无形无名以始万物也。自今及古，大道以无化有，始万物以顺其性，生生不息。万物之始，据此以知。

第二十二章

企者不立
自是者不彰
自见者不明
自伐者无功
自矜者不长
其在道
曰馀食赘行
物或恶之
故有道者弗居

【疏义】

企而欲立者，其不久矣，赘行也。

自是而非他者，弥彰而不得已；自见其能，侍能逞强者，非智不明矣；自伐以炫者遗其咎，功可久乎？自矜以骄者失其本，人岂长哉？此四者，于道曰馀食赘行。馀食赘行，过盛之食，多余之行也。馀食，人厌饱而不食；赘行，多行之举，非道也。有道者去馀除赘，不自是而彰，不自见而明，不自伐而有功，弗矜故能长，无为而成矣。

第二十二章

曲则全 枉则正
洼则盈 敝则新
少则多 多则惑
是以圣人执一 以为天下牧
不自是 故彰
不自见 故明
不自伐 故有功
弗矜 故能长
夫唯不争 故莫能与之争
古之所谓曲全者
岂语哉 诚全归之

【疏义】

　　直木先伐，曲木以全；曲而能正；洼以聚潦；敝后以新成；知足以富，少则多也；甚爱大费，多藏厚亡，多则赢也。圣人执道守一以驭天下也。居无为之事，行不言之教。不自是己见而天下同彰之；后身外身不为天下先而天下乐推焉；成功遂事，功成而弗居，弗居故能久也。圣人执一，居无事，行不言，处无功，万物归焉而不为主，夫莫能与之争，以其不争也。

第二十四章

希言自然
飘风不终朝 暴雨不终日
孰为此
天地而弗能久
又况于人乎
故从事而道者同于道
德者同于德
失者同于失
同于德者 道亦德之
同于失者 道亦失之

【疏义】

希言自然谓：大道不言、无为，以本万物之性。

飘风不终朝，暴雨不终日。谁为此？天地也。天地遵道以行，而弗能加手令其久，更何况人乎？

从事于道者道同，所得亦同，所失亦同。道者随变而相应。同得者，同得道；同失者，同失道。

第二十五章

有物混成　先天地生
寂兮寥兮　独立而不改
可以为天地母
吾未知其名　字之曰道
吾强为之名曰大
大曰逝　逝曰远　远曰反
道大　天大　地大　王亦大
国中有四大　而王居一焉
人法地　地法天　天法道
道法自然

【疏义】

有物先于天地，生于混沌之初。寂兮寥兮，自性而行，周行不殆，不受外物之改变。其之行而成天地，可称天地之母也。不知其名，字之曰道，强命名曰大。大道之流变曰逝，动之以往曰远，远之极以复曰返；返而逝，逝而远，远而返，循环流变。道、天、地、王四大者，王居其首。道、天、地皆无名无形之大，王者有名有形之大。有形生于无形，有名源于无名。故人以地为母，随母而行；地以天为夫，随夫而就；天地以道为母，遵其变化，道以自性而然（不可再致诘）。

第二十六章

重为轻根 静为躁君
是以圣人终日行不离辎重
虽有营观 燕处则超若
若何万乘之王
而以身轻于天下
轻则失本 躁则失君

【疏义】

重以下，轻居上，重为轻之根基；静则定，躁则浮，静可安躁，为之君。

圣人终日以"重、静"为辎重，形影不离。"重"者根也，"静"者君也，圣人处世有根，持守有静。不为外物赢身，超然物外而有静。可叹一国之主却处上而轻下。君为轻，民为重，得民心者得天下也。以身轻天下，岂不轻重颠倒，何以长久哉？以重为轻则失其根本，心浮行躁则失其本真。

第二十七章

善行者无辙迹
善言者无瑕谪
善数者不以筹策
善闭者无关钥而不可启也
善结者无绳约而不可解也
是以圣人恒善救人 而无弃人
物无弃才 是谓袭明
故善人 善人之师
不善人 善人之资也
不贵其师 不爱其资
虽智乎大迷 是谓妙要

【疏义】

　　圣人善行、善言、善数、善闭、善结皆应物之性，不以形制；以无为用，善物以常，自然而成于无迹。与物与人善化之于无形；物用其才，无所废；人尽其用，无所弃。善人与不善人，相较而存；师与资，相依而生，无有贵贱高下尊卑之别。不贵其师，不爱其资，内合于道而形昧于外，此乃其中之妙要。

第二十八章

知其雄 守其雌 为天下溪
为天下溪 恒德不离
恒德不离 复归于婴儿
知其荣 守其辱 为天下谷
为天下谷 恒德乃足
恒德乃足 复归于朴
知其白 守其黑 为天下式
为天下式 恒德不忒
恒德不忒 复归于无极
朴散则为器 圣人用则为官长
故大制无割

【疏义】

　　知雄守雌，持柔守静；知荣守辱，以卑贱为本；知白守黑，敛光为谦。善处众人之所恶，而近道、处道、得道；孔德之容以本真、归朴、至无极（混元之初）。无极之太极，动之以散真元，以无形而成形，以无名而笃名，类序万物。圣人以无化归，真朴以牧，天下自化、自定、自归矣。故天下之物，无裁而自器。

第二十九章

将欲取天下而为之

吾见其弗得已

夫天下神器也

非可为者也

为者败之 执者失之

故物或行或随 或嘘或吹

或强或羸 或培或堕

是以圣人去甚 去泰 去奢

【疏义】

天下神器，为者败，执者失也。物各秉其性，因性而情。圣人因自然之性，畅万物之情，因而不为，顺而不施；去除心之妄念、形之倚重、行之多为。

第三十章

以道佐人主 不以兵强于天下
其事好还 师之所居 荆棘生焉
善者果而已矣 毋以取强焉
果而毋骄 果而毋矜 果而毋伐
果而不得已居 是谓果而不强
是谓之不道
物壮而老
不道早已

【疏义】

有道者不尚师道，不得已而用之。不得已而加兵于天下，善作且成，不逞强于天下。事果而已，非以强天下。强则不道，不道早亡。

第三十一章

夫兵者 不祥之器也
物或恶之 故有道者弗居
君子居则贵左 用兵则贵右
故兵者非君子之器也 不祥之器也
不得已而用之 恬淡为上
勿美也 若美之 是乐杀人也
夫乐杀人 不可以得志于天下矣
是以吉事上左 丧事上右
是以偏将军居左 上将军居右
言以丧礼居之也
杀人众 以悲哀莅之
战胜 以丧礼处之

【疏义】

加兵于天下，有道者不得已而为之。恬淡为上。侍其兵，耀其强，美其胜，乐杀人者，天下恶而厌之，不可以得天下也。兵加于天下，胜不可赞，亦不可颂；杀人众，庶民殃，生灵涂炭，田亩荒废，不祥矣，当以丧礼之仪，怀悲哀之情诫惧。

第三十二章

道恒无名 朴虽小 而天下弗敢臣

侯王若能守之 万物将自宾

天地相合 以雨甘露

民莫之令而自均焉

始制有名 名亦既有

夫亦将知止 知止所以不殆

譬道之在天下也

犹小谷之与江海也

【疏义】

　　天地未形而道先存也，无名以始万物，故"道恒无名"。朴为道真，先天之微眇，不为物所役，天下莫不尊之。朴散，万物生、百行出，殊类生，诸器成，圣人因之而立命分职，以定尊卑，始制有名。始制有名，形彰名立，各秉其性。万物行异、类殊、性别、器不同而有所别；名殊形异性分而计较，各逐其利，徇名忘朴，逐末丧本。守朴以存真、知止以明常，复归于无名而无殆矣。不求不召不令，行道于天下，万物自归也。

第三十三章

知人者智也　自知者明也
胜人者有力也　自胜者强也
知足者富也　强行者有志也
不失其所者久也
死而不亡者寿也

【疏义】

知人不若知己，胜人不若胜己。知人之智用之于己曰明，胜人之力用之于己曰强。己心足而可知富，行有道则可致远。守静归根而无所失，不失其所则无死生之别。芸芸物生，复归其根。无中生，有中灭，归根复命，循环往复，死生一也，物之常矣。

第三十四章

道氾呵 其可左右也
成功遂事而弗名有也
万物归焉而弗为主
则恒无欲也
可名于小
万物归焉而弗为主
可名于大
是以圣人之能成大也
以其不为大也
故能成大

【疏义】

处处皆道。功成事遂而无迹以常自然，故曰"弗名有"。道者，万物恃之以生以长以成以归，不为其主。道常自然，无欲以为，名于弗有，行于弗为。不名不有不为主也。故可曰小。夫物芸芸，造化之变，自然之常，万物秉性而生，载道以归，德归道焉。道常无欲，无欲以载上德，故可曰大。圣人体道而行，常自然之道，以弗有弗为之行而成功遂事。

第三十五章

执大象 天下往
往而不害 安平泰
乐与饵 过客止
故道之出言也
曰淡呵其无味也
视之不足见
听之不足闻
用之不可既也

【疏义】

　　执守大道，民自归焉，天下安泰。乐与饵，美人者也而令之行妨。道之出言，其淡无味，视之无形，听之无音，用之无穷。

第三十六章

将欲翕之 必固张之
将欲弱之 必固强之
将欲去之 必固举之
将欲夺之 必故予之
是谓微明
柔弱胜强
鱼不可脱于渊
国之利器不可示人

【疏义】

　　反也者道之动。造化之机，必动之于返。"翕之"，"弱之"，"去之"，"夺之"将然也；"张之"，"强之"，"举之"，"予之"必固已然也。将然者始于已然，已然而逆知将然。将然者虽未形，已然者则可知。据已然知其将然，虽幽隐而至明。故曰微明。消息盈虚之变，弱之为用，物至壮则老，曰柔弱胜强。鱼不可脱渊而生，利器不可明示于人，已然之至将然者，以弱为之用。

第三十七章

道恒无名
侯王若能守之
万物将自化
化而欲作
吾将镇之以无名之朴
镇之以无名之朴
夫将不欲
不欲以静 天地将自定

【疏义】

鸿蒙未肇,道已先存,朴为其真;朴散而成器物,性分形异,圣人因之以名。故"道恒无名"。就朴返真,因自然之法,物载道以生,率性而成,各贞其事,天下自定。圣人体道而行,万物而自成。不欲而能守静,欲而欲作,镇之以朴。守朴而固贞,以不欲为欲,欲不欲以静,而天地自静自定。

德篇(38—81章)

第三十八章

上德不德 是以有德
下德不失德 是以无德
上德无为而无以为也
上仁为之而无以为也
上义为之而有以为也
上礼为之而莫之应也
则攘臂而扔之
故失道而后德 失德而后仁
失仁而后义 失义而后礼
夫礼者忠信之薄也 而乱之首也
前识者 道之华也 而愚之首也
是以大丈夫居其厚而不居其薄
居其实而不居其华
故去彼取此

【疏义】

　　上德无以为且不彰，润下无痕，载德以无；下德形彰以施，载德以有。上德无为且无以为，乃大道之德也；上仁有为而无以为，乃天地之德也；上义有为而有以为乃万物之德也；上礼为之而求应，人伦之制也。"失道而后德，失德而后仁，失仁而后义，失义而后礼"，道之渐失，德之渐退矣。秉礼而亡义，守义而亡仁，怀仁而亡德，尊德而亡道，皆亡本而求末、求形而亡质，饰非伪是，华而不实，所求非真，乱之首，愚之始。有道者，处其实居其厚，求其真去其华。

第三十九章

昔之得一者
天得一以清 地得以一宁
神得一以灵 谷得一以盈
侯王得一以为天下正
其致之也
谓天毋已清恐将裂
谓地毋已宁恐将废
谓神毋已灵恐歇
谓谷毋已盈恐将竭
谓侯王毋已贵以高恐蹶
故必贵而以贱为本
必高矣而以下为基
夫是以侯王自谓孤寡不穀
此其贱之本与 非也
故至数誉无誉
是故不欲碌碌如玉 珞珞如石

【疏义】

　　一者，道也。得一者得道也。各得其道，以成其器，器因其利，以成其用。器有其性，顺道而生，逆道则亡。消息盈虚，循时而知止，物壮则老，盛极而衰，阴阳之道，盈亏转化。贱为贵之本，下为高之基。以贱为本则可位贵，以下为基则可处高。至无誉则可盛誉，至数誉而如无誉。

第四十章

上士闻道 勤而行之
中士闻道 若存若亡
下士闻道 大笑之
弗笑 不足以为道
是以建言有之曰
明道如昧 进道如退
夷道如纇 上德如谷
大白如辱 广德如不足
建德如偷 质真如渝
大方无隅 大器免成
大音希声 大象无形
道褒无名
夫唯道 善始且善成

【疏义】

　　道之不可闻不可视不可言，唯体无者得之。似昧而以明道，似退而以进道，夷道以近道。上德载以无，大白生于辱，广德如不足，建德而莫能察，质真而莫能改，大方之形而无隅，大器不斫而自成，大象之境而无具物，大音之声莫大于寂籁，浩眇而莫能名状。道之难状，然善始善成。

第四十一章

反也者 道之动也
弱也者 道之用也
天下之物 生于有 有生于无

【疏义】

有从无中生，动之归根于无。动从静中启，启而归根于静。无生有，有归无，静生动，动归静。阳极而阴，阴极而阳，周行不殆。少之为用（少阴，少阳），老之返矣（老阴，老阳），故动以返，弱为用。

第四十二章

道生一 一生二 二生三
三生万物
万物负阴而抱阳
冲气以为和
天下之所恶 唯孤寡不榖
而王公以自名也
物或损之而益 益之而损
古人之所教 亦我而教人
故强梁者不得其死
我将以为学父

【疏义】

　　道，未始有也者，无极也。鸿蒙未判，混元一炁，太极也，一也；混沌初开，阴阳始分，天地始成，二也；阴阳交媾而生三。三也，天地之子，万类之古始，统谓之三。物物相生，万物成也。天之道，损有余而补不足。物损之而新成，益之而始殆；损之而益进，益之而损减。

第四十三章

天下之至柔
驰骋于天下之至坚
无有入于无间
吾是以知无为之有益也
不言之教 无为之益
天下希能及之矣

【疏义】

　　至柔以驭至坚。柔弱者生之徒,坚强者死之徒。柔者之动,生之道;强者之动,死之途。弱为生之用,强为衰之始。无有相生,周行无间。无为之有益,希言之所贵,天下鲜及之。

第四十四章

名与身孰亲
身与货孰多
得与亡孰病
甚爱必大费
多藏必厚亡
故知足不辱
知止不殆
可以长久

【疏义】

　　名之益身，名亲？身亲？货之加身，货重？身重？得其所欲与亡其身，孰甚？好名逐利以羸身，贪得无厌而亡身。甚爱必大费其身，多藏必积重而亡，此益之而损也。故知止知足，去甚以远祸矣，身可久也。

第四十五章

大成若缺 其用不敝
大盈若盅 其用不穷
大直如诎 大巧如拙
大赢如朒
躁胜寒 静胜热
清静可以为天下正

【疏义】

　　大成若缺失，其用而无敝；大盈若虚空，其用而无穷。大直如屈，大巧如拙，有馀若不足。有无相存，利用以生。无中见有，有中存无；阳中有阴，阴中有阳，大象也。躁生热，热胜寒，曰躁胜寒。静为躁君，静以止热。静以致虚，虚而不欲，不欲而不乱，无为以治，天下自正。

第四十六章

天下有道 却走马以粪
天下无道 戎马生于郊
罪莫大于可欲
祸莫大于不知足
咎莫憯于欲得
故知足之足 恒足矣

【疏义】

有道以静，无道以欲。欲而欲作。可欲失其真，求而欲得，罪以滋焉；欲得而不得失其本，咎以生焉；贪得无厌失其根，祸以生焉。知止知足乃常足。

第四十七章

不出于户
以知天下
不窥于牖
以知天道
其出也弥远
其知弥少
是以圣人
不行而知
不见而明
弗为而成

【疏义】

不行而知，不见而明，其以道窥天下，无不知无不明。无道以行千里而背矣，失一亡本，外求诸物，知亦不知，明亦不明，以其背道也。圣人究天之道、识物之本，察物之性、顺物之势，弗为而自然，合于道也。

第四十八章

为学者日益 闻道者日损
损之又损 以至于无为
无为而无以为
取天下也 恒无事
及其有事也
不足以取天下

【疏义】

　　为道者，日益而心寡，日增而行减，事无事，为无为，致虚极，守静朴。

第四十九章

圣人恒无心
以百姓之心为心
善者善之
不善者亦善之 德善也
信者信之
不信者亦信之 德信也
圣人之在天下 歙歙焉
为天下浑心
百姓皆属耳目
圣人皆孩之

【疏义】

圣人之心之于天下也，与物相合相随相化，无所别无所分无所偏；圣人之心浑浑兮以纳天下之是非善恶美丑，以善之为化，以信之为引，皆得善、信。百姓皆注耳目以辨是非善恶美丑，圣人恒以无心浑其有心（如婴孩般无识无知）。

第五十章

出生入死 生之徒十有三
死之徒十有三
而民生生
动皆之死地之十有三
夫何故也 以其生生也
盖闻摄生者
陵行不避兕虎
入军不被甲兵
兕无所投其角
虎无所措其爪
兵无所容其刃
夫何故也
以其无死地焉

【疏义】

　　由生入死之途，十分之三生之全者，十分之三生之夭者，十分之三妄生而死者。生生者，厚生者；厚生者，不道者；不道早矣，妄而死也。余之十分之一者，善摄生者。善摄生者，有道者也；有道者，静虚无为，与物随化，身与物同，心与物通，无有死地也。

第五十一章

道生之而德畜之
物形之而器成之
是以万物尊道而贵德
道之尊也 德之贵也
夫莫之爵 而恒自然也
道生之 畜之 长之 育之
亭之 毒之 养之 覆之
生而弗有也
为而弗恃也
长而弗宰也
此之谓玄德

【疏义】

　　生于道，畜于德，形于物，成于器。生而后畜，畜而后形，形而成器。因道以生，尊道也；以德畜养，贵德也。道之尊，德之贵，发乎自然，莫之能令，恒也。物之生之覆，道之德也。生而不居有，施泽而不图，成而不为用。发乎于道，成乎于德，道无所因，德无所图，本乎于自然，此玄妙之德。

第五十二章

天下有始 以为天下母
既得其母 以知其子
复守其母 没身不殆
塞其兑 闭其门
终身不勤
启其兑 济其事
终身不救
见小曰明 守柔曰强
用其光 复归其明
毋遗身殃 是谓袭常

【疏义】

　　无名万物之始也，以为母也。母者，本也，隐而无名。子者，末也，形彰名显。知其母以知其所以生，明也；知其所以生而守其母，智也。守其本而举其末无祸，循其末而守其本无咎。张耳目孔窍，终身劳役；翕口目鼻耳，终身宜逸。小者微末也，柔者弱生也。见其微末以知其根本，曰明。守柔以生，以弱为用曰强。光者，表也华也，外之有形而显者；明者，本也实也，内之无形而窈者。见表以知其本，处华而守其实，则身无遗殃，以知常也，所谓袭常。

第五十三章

使我絜有知
行于大道
唯迤是畏
大道甚夷 民甚好径
朝甚除 田甚芜
仓甚虚 服文采
带利剑
厌饮食
而资财有馀
是谓盗竽
非道也哉

【疏义】

　　大道直简，抱素见朴，以守其本，去华居实，去薄居厚。民甚好径，好径以背道，邪以生焉。国之靡靡，民之好欲；君之贪奢，民之好乐；上之奢华，下必犬马。国无道，君无德，国之盗也；民之好欲，盗贼奸作，国之乱矣。小盗乱国，大盗窃国。

第五十四章

善建者不拔 善抱者不脱
子孙以祭祀不绝
修之身 其德乃真
修之家 其德有馀
修之乡 其德乃长
修之国 其德乃丰
修之天下 其德乃博
以身观身
以家观家
以乡观乡
以国观国
以天下观天下
吾何以知天下之然哉
以此

【疏义】

持守笃静，以固其本，抱定守真，以正其性。固本正性，其情不移，其性不改，其神不动。外物不可使其拔，可欲不能使其脱。根固性贞，以此为母，子孙而不辍。德修于身乃真；德修于家乃有馀；家之德风化于乡，德乃众也；乡之德风化于国，德乃广也；国之德风化于天下，德乃普也。以身互观，以乡互观，以国互观，以天下互观，以古今互观，推身及身，推乡及乡，推国及国，推天下及天下，所以知然也。

第五十五章

含德之厚者 比于赤子
蜂虿虺蛇弗螫
攫鸟猛兽弗搏
骨弱筋柔而握固
未知牝牡之会而朘怒
精之至也
终日号而不嗄
和之至也
和曰常 知常曰明
益生曰祥
心使气曰强
物壮即老
谓之不道
不道早已

【疏义】

　　德厚者如赤子，混物为一，物不相害。柔以载赤阳，虚以抟气，抟气以和，和之至；气和而本固，本固以精，精之至。阴阳之气和，守虚以实，无思无欲，神无所伤，精无所耗，精纯气和，混沌兮与万物为一。阴阳冲和，和乃常。知常以守常，守常为明。益生者失常，失常则眚；使气者失和，失和则死。坚强者死之徒，物过壮则衰，谓之不道，不道者早亡矣。

第五十六章

知者弗言 言者弗知
塞其兑 闭其门
和其光 同其尘
解其纷 是谓玄同
故不可得而亲
亦不可得而疏
不可得而利
亦不可得而害
不可得而贵
亦不可得而贱
故为天下贵

【疏义】

　　圣人行不言之教，知无为之益，故弗言。故言者弗知。闭其口，守其心，不欲以外，持虚守静。和光以无所耀，同尘以无所明，挫锐以无所刿，解纷以无所艳。混异以同，同而有异，同异之玄，谓之玄同。亲而有疏，疏而有亲，利而有害，害而有利，贵而有贱，贱而有贵，玄同之妙。天下以之为贵也。

第五十七章

以正治国 以奇用兵
以无事取天下
吾何以知其然也哉
夫天下多忌讳 而民弥贫
民多利器而国家滋昏
人多知巧 而奇物滋起
法物滋彰 盗贼多有
是以圣人之言曰
我无为而民自化
我好静而民自正
我无事而民自富
我欲不欲而民自朴

【疏义】

治国以正。正者，清静无为也。无为则无事，以无事取天下，及其有事不足以取天下。忌讳多则民多惑，多惑则不知所从，不知所从而荒于事，荒于事则贫。民多巧利之器则好径，人皆好径则乱生矣。智巧多则伪生，伪生则贪欲起，欲则居物以奇。居奇物而彰，彰而贵，贵难得之货则盗多起。天下之事，以无为治。上之无为而民性恰，性恰以顺乎其自然；上之静简则民性安，性安以形举正也；上之无事则民不累，民不累则自足以富；上之不欲则民无欲，无欲则惇惇以朴。

第五十八章

其政闷闷 其民惇惇
其政察察 其民狭狭
祸 福之所倚
福 祸之所伏
孰知其极
其无正也
正复为奇
善复为妖
人之所迷也
其日固久矣
是以
方而不割 廉而不刿
直而不肆 光而不耀

【疏义】

　　为政者混混无事，而民惇惇以朴无见可欲，为政者明明有事，则民生奸伪以欲其所贵。天下之事，祸者非为祸，福之依存，福者非为福，祸之相伴。福祸同根，相转以生，莫衷一是。无正亦无奇，无善亦无妖，正奇之变，善妖之覆，人之所惑久矣。以方为利，有割之弊；以廉为用，有刿之险；以直为用，有恣之嫌；以光而示，有耀之害。是以去彼取此。

第五十九章

治人事天 莫若啬
夫唯啬 是以早服
早服是谓重积德
重积德则无不克
无不克则莫知其极
莫知其极 可以有国
有国之母 可以长久
是谓深根固柢
长生久视之道也

【疏义】

啬者，谷成以藏。言自然也。自然无为曰啬。啬以治民，民不劳，以无事而取天下；啬以事天，神不耗，功成事遂而自然。知啬而早行于道，曰早服。道行天下，民不劳，神不耗，与物无害谓之积德。早服则早积德，曰重积德。重积德则厚德载物，故无不克；无不克而莫知其厚大，故莫知其及；厚德以育万民，故可以有国；道莅天下，载道以德，以此为母，根深蒂固，故可长久。

第六十章

治大国若烹小鲜
以道莅天下
其鬼不神
非其鬼不神也
其神不伤人也
非其神不伤人也
圣人亦弗伤也
夫两不相伤
故德交归焉

【疏义】

　　治国以无为，若烹小鲜不宜扰动。道行天下，功成事遂皆谓自然。鬼神无所加，圣人无所为，无以求之于鬼神则其不显灵，无以求之于圣人则其不显圣。鬼神不加，圣人无为，民无所劳，两不相伤，德施天下。

第六十一章

大邦者 下流也
天下之牝 天下之交也
牝恒以静胜牡
为其静也 故宜为下也
大邦以下小邦
则取小邦
小邦以下大邦
则取于大邦
故 或下以取 或下而取
故大邦者 不过欲兼畜人
小邦者 不过欲入事人
夫皆得其欲 大者宜为下

【疏义】

　　大国善下，厚德若母；小邦如子，交流于母。母常静，静以胜躁，静宜处下。大国下以取小邦，小邦下以取于大国；大下小欲兼畜人，小下大则企附于人。两者各取所欲。大者强，小者弱；小下大者易，大下小者难。大国者取所欲则更宜处下。

第六十二章

道者万物之主也
善人之宝也
不善人之所保也
美言可以市
尊行可以加人
人之不善也
何弃之有
故立天子 置三卿
虽有拱之璧以先驷马
不若坐而进此
古之所以贵此者
何也
不谓求以得
有罪以免与
故为天下贵

【疏义】

万物皆依道而常自然。善人者珍道如宝,不善者求道以保。美言以悦人,而人同悦;德行以化人,而人同德;故人之不美,何弃之有。天下之器,因道先成。天子三公,因德而立;拱之璧者人之所贵,非先驷马者无以进;拱之璧者,器也;驷马者,道也。无道不行。故行必有道。古之贵道者,求道以得,求道以保,故而为天下贵。

第六十三章

为无为 事无事 味无味
大小 多少 报怨以德
图难乎其易也
为大乎其细也
天下之难作于易
天下之大作于细
是以圣人终不为大
故能成其大
夫轻诺必寡信
多易必多难
是以圣人犹难之
故终于无难

【疏义】

　　为与无为，事与无事，味与无味，大与小，多与少，以德报怨，言事之由者必有之因者，此两者同出而异名也。相因以生，相由以存。图难于其易也，难由易生；图大于其细也，大由细作。天下难事图于易，天下大事作于细。圣人观其所由，从其所因，难从其易，大作其细，故终不为大，而成其成大。轻诺者寡信，多易者多难。人之所言易者，圣人以之难也，因其难之而终无难也。

第六十四章

其安也 易持也
其未兆也 易谋也
其脆也 易破也
其微也 易散也
为之于其未有也
治之于其未乱也
合抱之木 生于毫末
九层之台 作于累土
百仞之高 始于足下
为之者败之 执之者失之
是以圣人无为也 故无败也
无执也 故无失也
民之从事也 恒于几成而败之
故慎终若始 则无败事
是以圣人
欲不欲 而不贵难得之货
学不学 而复众人之所过
能辅万物之自然 而弗敢为

【疏义】

安则易持，未兆则易谋，脆则易碎，微则易散。为之于未有，治之于未乱。常无欲以观其妙，常有欲以观其徼。合抱之木生于毫末，九层之台起于累土，百仞之高始于足下。毫末之小，累土之细，足迹之短，然毫末之积微而生合抱之木，累土之聚细而成九层之台，足迹之短度而登百仞之高。何也？合于道也。合于道者，得也，失于道者，失也。故为之者败之，执之者失之。圣人无为无执以合大道矣，故无所败无所失。人之所事，几成而败，始道终乱，故败矣。慎终如始，以一者则无败。圣人之欲乃无欲，故欲不欲则不贵难得之货；人之学乃有为之学，圣人之学乃无为之学，故学不学，去有为则正其过也。不欲不学而常自然，辅万物无为以自然也。

第六十五章

古之为道者
非以明民将以愚之也
民之难治也 以其知也
故以知治国 国之贼也
以不知治国 国之德
恒知此两者 亦稽式也
恒知稽式 此为玄德
玄德深矣 远矣 与物反矣
乃至大顺

【疏义】

为道者,不以众人之明为明,不以众人之学为学。人之所明,外也,欲之所彰,服文采、带利剑、猒饮食、财货有馀,尚贤,贵难得之货。圣人之愚,内也,涤除玄览,少私寡欲,抱朴见素,不尚贤,不贵难得之货,清静以为天下正。明众人之明,盗贼猖,国之贼也;愚圣人之愚,天下静,国之福也。愚之而非以明,以不知而非以知,则民自化自正自富自朴,故而天下正。愚与明,不知与知,恒知此法式乃玄德。幽而明谓之深矣,微而大谓之远矣,逝而归谓返矣。玄德之妙,深矣,远矣,与物反矣,故常自然而万物顺。

第六十六章

江海之所以为百谷王者
以其善下之
是以能为百谷王
是以圣人之欲上民也
必以其言下之
其欲先民也
必以其身后之
故居前而民弗害也
居上而民弗重也
天下乐推而弗厌也
非以其无争与
故天下莫能与争

【疏义】

　　江海善下，百川汇聚以成其大。圣人不言居下而民使上之，以身处后而民使其前。下以处上，后而能前，何以？以其不争也。故处前而不害，居上而不重。天下乐推而不厌，利而不害也。不争而天下莫能与之争。

第六十七章

小国寡民
使有十百人之器毋用
使民重死而远徙
有车舟无所乘之
有甲兵无所陈之
使民复结绳而用之
甘其食 美其服
乐其俗 安其居
邻国相望
民至老死不相往来

【疏义】

　　天下之邦，毋求以大，而求以安。什百人之器者，国之重器，兵者之器也，小国寡民，毋用也。无兵事则民无惧，民无惧则无迁徙；无兵事则甲兵无所陈，无迁徙则车舟无所用。国泰则民安，使民复归于朴，"甘其食，美其服，乐其俗，安其居"，知足而自富，不远求矣。

第六十八章

信言不美　美言不信

知者不博　博者不知

善者不多　多者不善

圣人无积

既以为人　己愈有

既以予人　己愈多

故天之道　利而不害

人之道　为而弗争

【疏义】

　　人之以为利者，实乃害也。言之美饰，华而非实，非能信也；博知以广，举末以为重，亡其本也；多藏厚积，身遗其祸，非善也。人之以为利者，欲而所得者，皆失本而逐末，去道甚远。圣人无积且不以己利。与物无争，与物无害，为物以利；利物者，物利之。故既以予人，己愈有；既以予矣，己愈多。天之道，利而无害以成万物；人之道，以不争而为。

第六十九章

天下皆谓我大
大而不肖
夫唯不肖 故能大
若肖 久矣其细也夫
我恒有三宝
持而宝之
一曰慈
二曰俭
三曰不敢为天下先
夫慈 故能勇
俭 故能广
不敢为天下先 故能为成器长
今舍其慈 且勇
舍其俭 且广
舍其后 且先
则必死矣
夫慈 以战则胜 以守则固
天将建之 如以慈垣之

【疏义】

道者，不可具象。唯大，故莫能象其形，谓之不肖。具象彰形者，其日久而至细末也。我有三宝：慈，俭，不敢为天下先。慈以爱物，爱物则攘其所害，攘其所害则勇生；俭以节物，节物则不费，不费有积故能广；不敢为天下先，弗与争先而无所害，弗争则人莫能与争；夫唯弗争，无害与众，众皆举之为长也。慈能勇，舍慈以勇，勇无所以，莽鄙也；俭能广，舍俭以求广，缘木以求鱼，无根也。不敢为天下先，若舍后以求先，与众相争，身遗其祸，必死矣。为则败之，执则失之，非道也。以慈为本，战则可胜，守则可固；天将以成，必辅以慈。

第七十章

善为士者不武
善战者不怒
善胜敌者弗与
善用人者为之下
是谓不争之德
是谓用人
是谓天
古之极也

【疏义】

　　士者不黩武，战者不使气，胜敌者相若而不抗，用人者善为之下，皆善道者也。善道者，以不争为德，用人以道，法天道以及古今。

第七十一章

用兵有言曰
吾不敢为主而为客
不敢进寸而退尺
是谓行无行
攘无臂 执无兵
乃无敌矣
祸莫大于无敌
无敌近亡吾宝矣
故抗兵相若
则哀者胜矣

【疏义】

　　用兵之事，不兴兵以黩武，不得已而应之，不敢为主也；不敢图寸土之进，而求保泰以退尺壤。敌兵陈以前，而我行无列，阵无形，嚣无声，似无兵之状。执无兵以敌，而敌惑也。不知兵之所匿，不知兵之多寡，不知势之所利，不知辎重阜贫。夫以有形之兵攻无形之象，莫若瞽秉灯以行，莫能与之抗也；执有兵，处明而暗，执无兵，处暗而明，故无敌也。兵之事，不得已为之，善果而已，非以取强以至无敌。祸莫大于无敌，无敌则兵壮于天下，兵壮于天下则取强而为天下之先，为天下先几亡我之宝也。哀者怀慈。夫慈，故能勇，以战则胜，以守则固。故抗兵相若，则哀者胜矣。

第七十二章

吾言甚易知也
甚易行也
而人莫之能知也
而莫之能行也
言有宗 事有君
夫唯无知也
是以不我知
知我者希
则我者贵矣
是以圣人被褐而怀玉

【疏义】

人之所迷，其日固久。迷者，五色、无音、五味、驰骋田猎之类者也。大道甚夷，而民好径。迷于外而失乎心，求于末而亡乎本，躁以动而静失守。吾言易知，吾言易行，而人莫能知，莫能行，以其迷之久矣。言之多者，而不离其要；事之繁者，而不失其本。言之所宗，事之所君，莫不近道，近道而易知易行。夫舍宗失君，无知者也。无知者则远道，远道则不以我言知，不以我言行。吾言甚易知，而知我言者少；吾言甚易行，而择我行者稀。圣人却华而求真，和光而不耀，同尘而至玄，形秽而质真，抱朴以守真，外披褐而内怀玉。

第七十三章

知不知 尚矣
不知知 病矣
是以圣人之不病也
以其病病也
是以不病

【疏义】

　　知其不知其道而求道，尚道也；不知其道而以为知其道，病道矣。圣人之不病，以其病人之所病。圣人之不病，以其求真守本，致虚守静，抱朴见素，不为外物所迷，故不病。人之所病，迷于外而果其欲，逐于华而却其实，好于末而忘其根，是以病。以圣人之不病之妙药愈人之所病，天下无病矣。

第七十四章

民之不畏威
则大威将至矣
毋狭其所居
毋猒其所生
夫唯弗猒
是以不厌
是以圣人
自知而不自见也
自爱而不自贵也
故去彼取此

【疏义】

威加于民，民则畏；民不畏威，则天下之将乱矣。民之所以不畏威，以其迫其所居，猒其所生。不迫其所居，不猒其所生，甘其食、美其服、安其居、乐其俗，则民无猒而乐生，天下静矣。圣人处世：不自见故明，谓之"自知"；贵以贱为本，故不自贵而能自爱。自知以明道不矜物以为妄；自爱以崇本不贵外而持静。

第七十五章

勇于敢者则杀
勇于不敢者则活
此两者或利或害
天之所恶
孰知其故
天之道
不战而善胜
不言而善应
不召而自来
坦而善谋
天网恢恢
疏而不失

【疏义】

　　勇之利害，敢者未必利，不敢者未必害。以慈为宝者，勇则敢而胜；非然则败也。利害之相生，顺天则利，逆天则害。天之所恶，焉能知其故。天道昭然，不敢相抗而能胜；不言处下而物自应；不召以求而物自归；静而不虑而慧自生。天网之下，物莫能脱，或以益之或以损之，利害之不爽也。

第七十六章

若民恒且不畏死
奈何以杀惧之也
使民恒且畏死
则而为者吾将得而杀之
夫孰敢矣
若民恒且必畏死
则恒有司杀者
夫代司杀者杀
是代大匠斲也
夫代大匠斲者
则希不伤其手矣

【疏义】

民之生不若死,何畏死邪?不畏死,怎能以死畏之?

若畏死而以死惧之,则不敢为奇。为奇者得而杀之,夫谁敢?恒以杀治民,则民恒必畏死。恒必畏死,则恒有执杀者。司杀者天也,道也。天网恢恢,疏而不失。天之所恶,孰知其故,非执杀者能知之。今代天以司杀,非道也哉,犹代大匠以斫,鲜有不伤其手者。

第七十七章

人之饥也
以其取食税之多也
是以饥
百姓之不治也
以其上有以为也
是以不治
民之轻死
以其求生之厚也
是以轻死
夫唯无以生为者
是贤贵生

【疏义】

民之饥苦以其上之税赋繁重。上之多为而民之弥贫也。民之弥贫以至不治也。上之"服文采、带利剑、厌饮食、财货有馀",鱼肉百姓以窃国之财,而民之无以生。无以生则民之轻死以图生。无以生者求生,有生者求其厚生,皆轻死以求也,天下难治矣。君行则民随,上行必下效。君有为,民多欲,君行暴敛,民多盗贼。民求其厚生以轻死,虽死以逐利而不厌。"甘其食、美其服、乐其俗、安其居,恒使民无知无欲,使夫知者不敢,弗为而已,则无不治"。上之不以民之生为者,"毋狭其所居,猒其所生"则民之不轻死,不轻死则不求厚其生,是以无为以民之贤于厚生以民也。

第七十八章

人之生也柔弱
其死也筋肕坚强
万物草木之生也柔脆
其死也枯槁
故曰 坚强者死之徒也
柔弱者生之徒也
是以兵强则不胜 木强则兵
故强大居下 柔弱居上

【疏义】

　　柔弱以生，坚强以死。弱以生，生以壮，壮以老，老以亡，此乃物之理，道之恒也。以兵强天下岂能久乎？终不胜矣。弱者无以争而能避害矣。曲木无以用则完生，直木因其利而被砍伐。反者，道之动也。强大以之其必下，柔弱以之其必上。

第七十九章

天之道 犹张弓也
高者抑之 下者举之
有馀者损之 不足者补之
故天之道
损有馀而益不足
人之道
损不足而奉有馀
孰能有馀而有以取奉于天者乎
唯有道者乎
是以圣人为而弗有
成功而弗居也
若此其不欲见贤也

【疏义】

天之道如张弓。高则抑之，低则举之，弦张则弛，弦弛则张。有馀则损之，不足以补之。天之道，均也。损其有馀以补不足。人之道则不然也。损其不足以益其有馀，不足者愈损，有馀者愈益。人之道，非均也。孰能以有馀而取法于天乎？唯有道者可也。圣人为而不有，功成而不居，为之而无以为，无辙迹至上德。上德不德也。

第八十章

天下莫柔弱于水
而攻坚强者莫之能胜
以其无以易之也
柔之胜刚
弱之胜强
天下莫弗知也
而莫能行也
故圣人之言云曰
受邦之垢
是谓社稷之主
受邦之不祥
是谓天下之王
正言若反

【疏义】

　　天下莫柔弱于水，而攻坚者莫能胜于水也，以其无以易之也。水之形柔性弱也。柔，矩以则矩，圆以则圆，随物就形，以其无形化万形；弱，处众人之所恶，善下以利万物而有静，物莫能易其性。牝恒以静以胜牡，是以柔以胜刚，弱以胜强也。天下莫不知，而莫能行也。

　　受国之垢、受国之不祥者，必德厚者也。厚德者，知其雄守其雌，知其荣守其辱，知其白守其黑。谦而能下以承万物之重，天下之所交，可谓社稷之主；以贱为本而利天下之先，百姓之共举，可称天下之王。

第八十一章

和大怨 必有馀怨
焉可以为善
是以圣人执右契
而不以责于人
故有德司契
无德司彻
夫天道无亲
恒与善人

【疏义】

和大怨焉能无余怨，不善也。契者，债务之所凭。执右以责左。彻，食税也。圣人执右契而不苛责于人，故怨无以生。德厚者，司契而不责于人，利之而不害；德薄者，司彻以狭人之居，猒人之所生，人之所厌。善人者，常善救人，常善救物，无弃人，无弃物，无有亲疏，取法于天，与道相契。故天道无亲，恒与善人。

www.ingramcontent.com/pod-product-compliance
Lightning Source LLC
Chambersburg PA
CBHW081154070526
44583CB00021B/2829